JN409225

어느 날 별이 되어

詩人 문백文帛 공한수

엠-애드

평창 올림픽
작사 : 공한수
작곡 : 김 덕
노래 : 공병우
Moderato Go Go ♩= 122
우 리 나 라 - 자 랑 스 러 운 문 화 의 국 - 민
한 민 족 의 - 높 - 은 기 상 세 계 로 날 아 라
꿈 과 끈 기 로 일 궈 낸 승 리 평 - 창 만 - 세
꿈 과 희 망 이 샘 - 솟 - 는 원 더 풀 코 리 아
평 창 이 여 떨 쳐 라 평 창 이 여 떨 쳐 라
평 창 이 여 떨 쳐 라 평 창 이 여 떨 쳐 라
세 계 로 미 래 - 로 오 대 한 민 국 평 창 이 여
세 계 로 미 래 - 로 오 대 한 민 국 평 창 이 여
달 려 라 뛰 어 라 함 성 - 이 울 려 퍼 진 다
선 수 들 투 혼 이 지 구 촌 을 달 - 군 - 다
오 - 평 - 창 평 - - 창 평 창 올 림 - 픽
오 - 평 - 창 평 - - 창 평 창 올 림 - 픽
No Rept D.S

어느 날 ★이 되어

| 머리 글 |

진귀한 것일수록 시간이 가도 그 진가가 높아진다.

세월이 흐르면 흐를수록 전 세계에 그 이름이 더욱 빛나는 불멸의 존재, 그분은 바로 공자님이시다.

공자님은 시에 대하여 "시(詩)는 정서를 일깨워 주고, 뜻을 살펴볼 수 있게 하고, 세상 이치를 알게 해 준다."라고 말씀하셨다.

시는 언어로 표현되는 예술이다. 보통 사람이 보지 못하는 남다른 눈으로 시를 써야 되고, 독자의 감각이나 감정에 호소하고 상상력을 자극하여 깊은 감명을 주어야 하므로 시가 어찌하여 쉽다 할 수가 있겠는가?

국제열린문학에서 김 선 박사님을 만나, 내 삶에 많은 변화가 일어나고 있다. 시문학을 시작한 지 거의 10년이 된다. 시도 쓰고, 노래 가사도 쓰게 되어, 노래로 탄생된 것이 현재 90여 곡에 이른다.

영원히 살아 숨 쉬는 시를 쓰려고 발분하고 있다. 시를 쓰기 시작한 지는 15년이 넘지만, 이제야 시집을 내게 되었다. 늦은 감도 있지만, 시집을 내게 된 기쁨을 모두가 나누고 싶습니다.

2016년 눈부시게 빛나는 6월

文帛 孔漢泳

제 1부 노래 모음

제 2부 오늘은 최고의 선물

제 3부 인생 참모습

제 4부 무엇이 있길래

제 5부 계절 시

1

노래 모음

평창 올림픽/ 세종대왕/ 황희 정승/ 성인 공자님/ 성웅 이순신/
송강의 찬가/ 다산 정약용/ 도산 안창호/ 최재형 선생님/
대한 남아 손기정/ 폭풍을 넘어서/ 아! 영산 백두산/ 한강 아리랑/
5월의 노래/ 누군가는/ 아빠하고 놀자/ 내 고향/ 희망의 지도자/
KOREA-USA FRIEND SONG/ 자랑스러운 대한민국/ 우리는 밝달족

평창 올림픽

작사 공한수　작곡 김 덕
바리톤 공병우

우리나라 자랑스러운 문화의 국민
꿈과 끈기로 일궈 낸 승리 평창 만세
평창이여 떨쳐라 평창이여 떨쳐라
세계로 미래로 대한민국 평창이여
달려라 뛰어라 함성이 울려 퍼진다
오 평창 평창 평창 올림픽

한민족의 높은 기상 세계로 날아라
꿈과 희망이 샘솟는 원더풀 코리아
평창이여 떨쳐라 평창이여 떨쳐라
세계로 미래로 대한민국 평창이여
선수들 투혼이 지구촌을 달군다
오 평창 평창 평창 올림픽.

세종대왕

작사 공한수　작곡 김 덕
테너 정능화

한글로 문명사회 길 터 준 세종대왕
소통하여 과학적인 한글을 만드셨네
문화를 꽃피워 낸 세계의 자랑이여
해처럼 지구촌에 찬란하게 빛나네
민족의 자랑 세계의 인물 성왕이시여
성왕 세종 만세 만세 만만세

백성을 하늘처럼 살피신 세종대왕
신분의 벽을 넘어 인재 등용하셨네
과학을 꽃피워 낸 세계의 자랑이여
시대를 읽으시며 국방에 힘쓰셨네
민족의 자랑 세계의 인물 성왕이시여
성왕 세종 만세 만세 만만세.

황희 정승

공한수작시　임긍수작곡
테너 임지성

언제나 시대의 아픔이 있지만
옳은 일에는 스스로 앞장서셨네
나라 위하여 원칙을 중요시한 명재상
국가 재정을 튼튼하게 하셨다
자리로 얻어지는 이득도 멀리한 황희 정승
청백리의 등불 황희 정승 명재상 황희 정승

비 새는 초가의 가난에 찌들어도
옳은 일에는 소신을 안 굽히셨네
청백리의 모범을 보이신 명재상
억울한 일이 없도록 배려하셨다
인품이 원만하여 존경받고 백성이
좋아하는 최장수 황희 정승 명재상 황희 정승
언제나 시대의 아픔이 있지만
옳은 일에는 스스로 앞장서셨네
재상 황희 정승 황희 정승 명재상.

성인 공자님

작사 공한수　작곡 김 덕
바리톤 공병우

인류 최초 사학 창시자인 공자님
지식사회 중요성을 알려주시고
가치관 경영에 투명하라는 공자 말씀
정치 경제 철학 개인 삶에 나침반
하늘같이 높고 높은 이상을 펼치신
인류의 태양 성인 성인 성인 공자님

사람이 중심이라고 말씀하신 공자님
두려워하며 백성을 섬겨야 정치다
동서양 사람이 즐겨 듣는 공자 말씀
덕과 도리를 다하는 정직한 지도자
하늘같이 높고 높은 이상을 펼치신
인류의 태양 성인 성인 성인 공자님.

성웅 이순신

작사 공한수　　작곡 신귀복
소프라노 이미경 바리톤 권한준

나라 위해 생명 바친 불굴의 정신 이순신
거북선으로 해전마다 왜적 섬멸을
스물세 번 전승한 세계의 영웅이여
푸른 바다 해상 강국 오 대한민국
우리 민족 가슴속에 영원한 등불이여
이순신 이순신 성웅 이순신

역사의 그 이름 길이 빛나는 이순신
죽어야 산다는 마음으로 나라를 구한
나라 정신 살린 이순신이여
푸른 하늘 지상 강국 오 대한민국
우리 민족 가슴속에 영원한 등불이여
이순신 이순신 성웅 이순신.

송강(松江)의 찬가

작사 공한수
작곡 이안삼

몰아치는 비바람을 견디어 낸 송강
어제는 강 건너고 오늘은 산 넘는
역사의 아픔이여 임금님에 충절이여
신선도 비경에 빠져 떠날 줄 모른
관동 팔경에 취한 아 송강
영원한 민족의 등불 송강 정철

한글 문화 수준을 드높인 송강
가사 문학의 거장으로 길이 빛나시고
시대의 아픔이여 부모님에 효심이여
하늘같이 높은 은혜 잊을 수 없어 하고
술로 가슴을 달랜 아 송강
영원한 민족의 등불 송강 정철.

다산 정약용

작사 공한수　작곡 김 덕
소프라노 임청화

시대의 절망을 괴로워하신 정약용
부패 사회를 바꾸도록 애를 쓰셨다
무지한 백성을 깨우친 대학자여
기술은 국가 발전 원동력 되었네
화성 설계도는 빛나리라 나라의 자랑이어라
우리 민족의 영원한 등불 다산 다산 정약용

실학 사상을 집대성하신 정약용
개혁 개방으로 잘살게 힘을 쓰셨다
오백여 권 저서로 세계 문화 인물이여
백성을 사랑하는 마음이 뜨거웠네
청렴하라는 말씀 빛나리라 국민의 요구이어라
우리 민족의 영원한 등불 다산 다산 정약용.

도산 안창호

작사 공한수　작곡 김 덕
바리톤 박정민

애국 애족 실천하신 도산 선생님
남 탓 말고 스스로 큰 인물 되라 하시네
교육의 선각자 큰 스승이시여
양심껏 행동하라 가르치시고
나라는 힘 있어야 한다는 도산 선생님
나라 민족 사랑하신 민족의 등불
도산 도산 안창호 선생님

거짓이 없으라는 도산 선생님
모든 국민 마음을 감동시킨 웅변가
행동을 중시한 독립 운동가시여
언제나 옳은 일에 모범 보이시고
나라 위해 순국하신 도산 선생님
나라 민족 사랑하신 민족의 등불
도산 도산 안창호 선생님.

최재형 선생님

작사 공한수　작곡 김 덕
소프라노 신승아

암울한 일제강점기 러시아 연해주
독립 역사 길이 남을 독립투사여
광복 위해 모두 바친 최재형
항일 독립 운동 역사에 빛나리라
나라 위해 희생하신 민족의 등불
최재형 최재형 선생님

북극성 바라보며 조국 잃은 서러움
앞장서서 모범보인 독립투사여
불사조 같은 최재형
항일 독립 운동 역사에 빛나리라
나라 위해 목숨 바친 민족의 등불
최재형 최재형 선생님.

대한 남아 손기정

작사 공한수　작곡 김 덕
바리톤 박정섭

세상은 칠흑같이 어두워
일제강점기 살기 힘든 시절
마라톤 시작하여 세계 신기록 내며
월계관을 조국에 바치셨네
민족에게 영예와 자신감을 안긴
민족의 스포츠 영웅 마라톤 손기정

희망이 없어서 마음이
괴로워 참기 힘든 아픈 나날들
비장한 각오로 고통을 달래며
금메달로 조국에 용기 주셨네
민족에게 영예와 광복 희망 안긴
민족의 스포츠 영웅 마라톤 손기정.

폭풍을 넘어서

작사 공한수　작곡 임긍수
테너 강 훈

저 떠오르는 태양
가슴속에 새 희망 넘친다
오 이 멋진 날 서로 미움을 벗어 버리자
우리들 앞에 폭풍이 몰려와도
힘차게 폭풍에 맞서 뚫고 나가자

아 설레이는 아침
우리들 가슴속에 꿈이 솟아난다
아 서로 이해하며 갈등의 벽을 넘자
우리들 앞에 고난이 닥쳐와도
미래 열차를 타고 달려 나가자

후렴
손에 손을 잡고 서로 신뢰 속에
서로 햇살 되어 비춰 주자 붉게 타오르는
태양처럼 희망을 채워서 뻗어 나가자
한민족 기상으로 뻗어 나가자.

아! 영산 백두산

공 한수작시　임긍수 작곡
소프라노 유소영

문화 문명 꽃피운 그곳이 어디련가
백두산은 신비로워 감탄이 절로 난다
수수만년 이어 온 우리 민족 기상일세
숨결의 맥박이 뜨겁게 느껴지는 백두산
한없이 흐르는 눈물은 주체할 수 없어라
민족이 쏟은 눈물은 천지가 되었구나
누구의 잘못인가 그 누구를 탓하랴
그 슬픔 넘고 넘어 우리 세상 펼쳐라

한없이 흐르는 눈물은 주체할 수 없어라
우리의 그날이 온다 민족의 영광 찾아
다 함께 손을 잡고 만세를 외치리
세계로 비상하자 아 영산 백두산.

한강 아리랑

공 한수작시　임 긍수작곡
소프라노 신승아

아리랑 아리랑 아라리요
한강수 아리랑 물결 타고 넘어간다
아리랑 아리랑 아라리요
아리랑 고개를 넘어간다
새 희망을 가득 담아
내 곁에 오신 님 에헤야 디여라
어깨춤이 절로 난다
황포 돛단배 사연 담아 넘나들던 한강
물새들이 날아들고 웃음꽃 사랑꽃 만발하네

멀리 떠나 가신 님은 언제나 돌아와
어둠을 걷어 내고 내 가슴을 채워 주려나
우리의 기상이 잠에서 다시 깨어나
꿈을 이뤄 하늘 높이 우리 기상을 높이네
아리랑 아리랑 아 라 리 요
한강수 아리랑 물결 타고 넘어간다
아리랑 아리랑 아라리요
아리랑 고개를 넘어간다

아리아리 쓰리쓰리 아라리요
한강수 물결치며 넘어간다
아리랑 아리랑 아리아리아리랑
아리랑 아라리요
아리랑 아리랑 아라리요
아리랑 고개를 넘어간다
세계의 벽을 넘어 신바람 안기는 한강
한강 아리랑.

5월에 노래

작시 공한수　작곡 이안삼
소프라노 임청화

소나무 꽃피는 오월 그늘 아래서
푸른 꿈이 솟아오르는 아름다운 계절
하늘에는 뭉게구름 떠 있고
희망의 노래를 부른다
하늘에는 뭉게구름 떠 있고
희망의 노래를 부른다
눈부시게 빛나는 오월 멀리 떠나간 님아
계절의 여왕 오월인데
어디로 갔나 어디로 갔나
자연은 녹색으로 옷 갈아입고
무지개 꿈도 꽃처럼 피어나는데
초록 물결이 넘치는 싱그런 싱그러운 오월에
그 님은 어느 하늘 어디에서 무엇하나
돌아오라 돌아오라 여왕의 계절 오월에
푸른 꿈을 무지개처럼
푸른 꿈을 무지개처럼 펼쳐 보자
무지개처럼 펼쳐 보자.

누군가는

–언더우드 기도 낙서장에서

작사 공한수　작곡 임긍수
테너 임지성

누군가는 지금 걸을 수 있고
누군가는 지금 볼 수만 있다면
더 큰 복을 바라지 않겠지요
누군가는 지금 그렇게 기도합니다
나는 누군가의 간절한 소원을 다 이루고 있어
나의 삶에 감사를 드리며 오늘을 삽니다
나의 하루는 기적입니다
나는 행복한 행복한 사람입니다
내 삶 내 인생을 사랑하며 살겠어요
날마다 깨달으며 오늘을 살겠어요
누군가는 지금 말할 수 있고
누군가는 지금 들을 수 있다면
더 큰 복은 바라지 않겠지요
누군가는 지금 그렇게 기도합니다

나의 하루는 기적입니다
나는 행복한 행복한 사람입니다
내 삶 내 인생을 사랑하며 살겠어요
날마다 깨달으며 오늘을 살겠어요.

아빠하고 놀자

작사 공한수
작곡 최영섭

엄마야 누나야 우리 함께 아빠하고 놀자
어릴 때 노래하며 뛰어놀던 우리집
행복한 소리 넘치네 집안에 아기우는
소리 들리고 우리도 시집 장가가
새 가정을 꾸려야 나라의 희망 희망있어요
나라에 희망 있어요

엄마야 누나야 우리 함께 아빠하고 놀자
가정은 섬김 있고 사랑의 샘터가 있는
지상의 제일 낙원 아이 소리 들려야
건강한 가정 누나도 나도 이웃도
둘 둘을 키우면 나라 부강하고 원더플 원더플
원더플 코리아

후렴
엄마야 누나야 아빠하고 놀자
엄마야 누나야 아빠하고 놀자.

내 고향

작사 공한수　　작곡 김성희
테너 윤병길

등잔불 아래서 공부하던 그 시절
송아지 음매 소리 그 기억이 새롭습니다
고갯마루 초가삼간 부모님과 같이 살던
그 시절 정 그리워 그 모습이 그립습니다
언제나 어머니의 체온이 느껴지고
새싹 돋듯 그리움 사무치는 내 고향

제기 차며 마당에서 뛰어놀던 그 시절
풍악이 울려 퍼진 그 기억이 새롭습니다
우물가에 모여 앉아 빨래하는 아낙네들
얘기꽃 피워대던 그 시절이 정겹습니다
지금은 다른 하늘 아래서 살지만
언제나 고향 하늘 그리운 내 고향.

희망의 지도자

작사 공한수　작곡 김 덕
테너 정능화

세월이 천년만년 흘러가도
늘 푸른 솔 같은 지도자여
처음부터 끝까지 나라 위한 굳은 마음
역사 의식이 있고 정신이 살아 있고
영원히 길이 남을 등불이 되어
꿈을 주고 높은 기상을 보여 주는
희망 희망의 지도자여

나라를 사랑하고 나라 위해
사욕을 버리는 지도자여
자나 깨나 오직 나라 위한 곧은 마음
언제나 뜨거운 가슴으로 희망되어
나라에 자랑스런 인물이되어
나라 위해 국민을 위해 헌신하는
희망 희망의 지도자여.

KOREA-USA FRIEND SONG

작사 공한수　작곡 김 덕
소프라노 임청화

대한민국 광복을 도와준 형제 나라
고마워라 영원한 우리 혈맹 미국이여
6 · 25 전쟁에서 나라를 구해 주고
먹고 살기 힘든 시절 우리의 친구 되었네
손에 손잡고 하늘 높이 비상하는 천년만년
이어 나갈 형제나라 희망이 샘솟는
WONDERFUL KOREA WONDERFUL U S A

우리나라 민주주의 발전에 디딤돌 된
고마워라 영원한 우리 동맹 미국이여
우정 깊은 친구처럼 서로를 아껴 주고
어떤 상황에도 우린 멀어질 수 없네
앞장서서 서로서로 도와주는 천년만년
이어 나갈 형제 나라 희망이 샘솟는
WONDERFUL KOREA WONDERFUL U S A.

자랑스러운 대한민국

작사 공한수　작곡 김 덕
바리톤 박정민

나가 보면 알게 된다 얼마나 대단한지
한국의 눈부신 발전상에 크게 감탄하네
수많은 나라들이 부러워하는네
어찌하여 그렇게 모르고 있나
잿더미에서 기적처럼 발전을 이뤄 낸 동방의 등불
자랑스러워 힘이 샘솟는 우리나라 대한민국

수수만년 우리 역사 세계 최고 천문학
한국의 고대 과학 기술에 크게 놀라네
세계는 부럽다며 찬사를 보내고
선진국도 정말로 신기해 하죠
지구상에서 가장 빨리 발전하고 있는 동방의 등불
영광스러워 힘이 샘솟는 우리나라 대한민국.

우리는 밝달족

작사 공한수　작곡 임긍수
바리톤 박정섭

중원을 지배하던 장엄한 그 기상을
우리 함께 뜨겁게 이어 나가자 세계로
고난의 벽을 넘은 위대한 우리 역사
찬란한 역사와 문화 내일을 향해 뻗어 나가자
반만년 이어 온 역사 광복 이루어
밝달족 드높은 기상 세계로 미래로 떨치리라

동아시아 주역으로 주름잡던 밝달 민족
우리 함께 그 기상을 이어 나가자 미래로
망각하고 살아온 고조선 웅대한 역사
찬란한 동이문화 꽃을 피운 민족이여
반만년 이어 온 역사 광복 이루어
밝달족 드높은 기상 세계로 미래로 떨치리라.

2

오늘은 최고의 선물

오늘은 최고의 선물/ 인생 삼모작/ 인생의 꽃은/
어머니/ 돛단배/ 내리막길/ 눈이 부시네/ 향기는/
태산을 오르며/ 풀리면/ 낭비 안 하면/ 요술쟁이/ 아는가/
한세상인가/ 간다/ M파워 죽이네/ 딛고 일어나/ 소리는

오늘은 최고의 선물

누구나 좋아하는 선물
선물은
다양한 뜻을 가지고
선물을 주고받네
선물 받고 너무나 좋아하고
누구는 선물 받고 무덤덤하고
누구는 선물을
거들떠보지도 않네

오늘이 없으면
존재도 할 수도 없고
오늘의 영광도
즐거움도 없으련만

오늘은
세상에서
가장 값진 선물인데
우물쭈물 어영부영하며

하루 선물을 팽개치네

하루살이는
얼마나 하루를 열심히 사는가

오늘만
존재할 뿐이다
사람도

당신 인생의 최고의 날은
바로 오늘
오늘을 사랑하라
입가에
미소를 잃지 않게.

인생 삼모작

세월이
요란스럽게 세상사와
어우러지는 사이
세월의 무게가
발걸음마저
뒤뚱 뒤뚱거리게 하네

한 가지만
잘해도 잘산다는 말은
옛말 되어
한 우물도 떨어지기 전에
다른 우물을 파야 잘사는 시대

60이면
노인 소리 듣던 시절
불과 얼마 전인데
이젠
노인 행세하려면

산수쯤 되어야 하는
고령화 시대

21세기는
인생 이모작을 넘어
삼모작해야
잘 숙성된 김치 같은 인생
그렇지 않으면
후회한다
허구한 날 천장만 바라보며.

인생의 꽃은

최고의 삶은
아직 살아 보지 않은 날들
이제, 시작되리라

영원히
남는 시(詩)는
아직은 없을지 몰라도
반드시 태어나리라

시(詩)가
아름다운 노래 되어
세상에 나왔지만
다 끝난 게 아냐
아직이야
불후 명곡(名曲)은

가장 멋진 여행
가장 멋진 일

가장 멋진 삶

인생을 포기하지 마라
포기하기엔 너무 이르다
어느 길로 가고
어떻게 살고
헤매다 고민, 고민하면서

진정으로
무엇인지 깨닫고
뜨거운 가슴으로
희망과 꿈을 실현코자 몸부림칠 때
다시 시작이다 새로운 인생
인생 꽃피울.

어머니

날마다 뜨는 해는
서산 중턱에 걸려
사라지려 했는가

어머니
어머니
입가에 잔잔한 미소 뒤로 하고
보따리 받아 들던 어제

도회로 가는 길목에
희망에 닻을 올리고

가다가
가다가
돌아보니
손 저어 나를 품어 보던
어머니
어머니

안스러운 생각
가슴을 짓누르네.

돛단배

흐르는 강물에
나뭇잎
떠 있으면
그냥
떠내려간다

돛단배도
노를 젓지 않으면
흐르는 강물에
그 자리에
머물러 있을 수가 있나

리더십이 있으면
훌륭하다 하는데
자기 몸 하나
노를 잘 저어 가기
쉽지가 않네

자기 돛단배 하나
잘 다스릴 줄
아는 사람은
칭송받아 마땅하다
지도자다운 지도자로.

내리막길

높은 산을 오를 때
힘 있고
희망이 넘쳐나도
한 발 한 발 조심조심
긴장을 늦출 수 없어라
한순간도
깔려 있는 위험에

정상에 서면
세상에 부러운 것 없고
기분이 들떠 있어
허리띠 풀어지듯
내리막길
마음이 풀어지면
위험천만

산을 오를 때보다
우리 인생 하산 길에

매사 조심조심 또 조심 안 하고
삐끗하면
모든 것이
티끌처럼 다 날아간다
명예, 부와 인격도.

눈이 부시네

빛이 있어
눈이 부시고
사람도
자랑거리 있으면
눈이 부신데

자랑이
지나치면
잘못된 염색처럼
빛이 변한다

자랑거리가
있으면
안절부절 못하며
떠들어대려 하네

자랑거리는
그대로 놔두면

더욱 빛이 난다네
보석처럼.

향기는

지혜를 가진 사람은
바라만 봐도 빛나고

박식한 사람은
몇 마디 안 해도 향기 나고

감사를 나누는 사람은
보석 반지를 안 껴도 손이 더 빛나

성인의 귀는
빛이 없어도 빛나고

당신의 인품 향기는
스며져 나오네
아름답게 보는 눈에서.

태산을 오르며

태산이
제아무리 높다 한들

한 발 한 발
오르고 또 오르면

천하제일이라
뽐내는 태산도

내 발 아래 있는
산일 뿐이로구나.

풀리면

태양이 떠오르고
인류가 살아 있는 한
언제 어느 시기이든
사건 사고, 어지러운 일들
일어나지 않을 수가 없으련만

옛날엔
사공이 많으면
배가 산으로 간다 했지만
지금은
사공이 많으면
안 되는 일 없이 다 된다 한다
그래도
사공이 많아도 너무 많아
천릿길 만릿길 되네

아름다운
대한민국 옷

자꾸자꾸 때를 묻히면
좀먹어 삭게 되고
나라 얼굴 얼룩져
눈물 흘린다

자기 처한 몫에 충실할 때
고통의 벽을 넘어
우리 앞에 밝은 내일이 있다
나라의 희망
민족의 미래가.

낭비 안 하면

누가
인생이
짧다고 말하는가?

장자는
짧은 인생을 비유하여
여백구지과극(如白駒之過隙)
"망아지가 문틈을
휙 지나가는 것 같다" 라고 했지만
항상
지금을
우리가
잘 쓴다면
인생이 짧을까

낭비 없는
인생은
충분한 시간이야

재능을 살리며
살기엔.

요술쟁이

맺힌 이슬이
굴러 떨어지듯
눈물이 쪼르르 흐르고
코피가 터지고
얼굴도
흙색으로 물들이며
명연기를 보여 주는 너

멀쩡한 사람이
콧물이
흘러내리고
기백이 넘치는 사람도
풀 죽어
목소리가
자라목처럼 기어들어 간다.

진흙처럼
자꾸 달라붙으면

곱슬머리도 펴지고
주름진 얼굴도
바람 넣은
풍선이 되고
윤기가 좔좔 흐르네

울리고
웃기고
술 취한 사람 다리 만들고
장작불처럼
활활 타오르게 하는
요술쟁이는
도대체 누구이더냐?

아는가

무엇을
안다고
그렇게
뽐내려
하는가

세상에는
세상사, 인간사, 미래 세계
알 것이 너무나 많고
모르는 것이 천지인데
안다고 우쭐댄다
사람들은

따져 달아 보니
종이처럼 가벼운 것을
안다고 자랑 마라
매일 밥 먹듯이
학습하고 깨우치는 것이
아름다운 삶이거늘.

한세상인가

우리의
한세상은
좋은 세상
이상한 세상

세상은
알다가도
모를 세상

몇 백 년을
살아도
오는 것도
가는 것도
알쏭달쏭한 것이
한세상이런가
인간이 사는.

간다

기쁜 날도
슬픈 날도
그저 그렇게
간다
간다

행복에 겨워
어쩔 줄
모르는 날도
눈물 짜는
서글픈 날도 간다

물 흘러가듯
구름 지워지듯
안개 사라지듯
날들은 하염없이
간다

아랑곳 하지 않고
돌아보지도 않고
어느새 저, 저 멀리
간다
날들은

그게 인생인 것을.

M파워 죽이네

높은 산
올라가는 초보자는
다리가 후들거리고
얼마나 죽을 맛인가?

산은
한 치 앞을
알 수 없는
세상 같듯

배추 잎이 없으면
산을 오를 때
숨이 턱에
차오르듯

인생살이도
숨이 턱에 차고
힘이 부쳐
죽을 맛이네.

딛고 일어나

그대가
아무리 지치고
힘이 들어도

놓지 말아야
할 것은
용기다

용기는
희망의
입김

입김을 불어넣어
풍선 올라가듯
희망의 나라로

현실을
작대기 삼고 일어나
초코렛 인생을.

소리는

세상엔
알쏭달쏭한 것이
너무 많아
머리는
쥐가 날 지경이다

열 길 물속은 알 수 있으나
한 길 되는 사람 속은
알 수 없다는
속담에
속고 사네
우리는

실패도
성공도
영광도
끌고 다니는 것은
그 무엇인가

마음을
사로잡는 연설도, 노래도,
설득과 감동도
때론
스스로 덫에 걸리게 되네

그가
누구인지
한 길 되는 사람 속도
알려 준다
들어보면.

3

인생 참모습

인생 참모습/ 일렁이거라/ 정신 차려야/ 조각품/
광고판/ 결혼 축시/ 길을 묻다/ 아름다움/
그대의 삶/ 꽃 같은/ 뒤척이면/ 깨지기 쉬운/ 고민/
분단의 비극/ 송강의 향기/ 미친 사람/ 선생님/ 잊혀진 사람/ 빛

인생 참모습

이리 보니 행복인 듯
저리 보니 성공인 듯

보는 눈에 따라
서로 서로가 다르고

그 무엇이
인생의 참모습인지
알 수 없는 것은

내가
사람들 속에서
호흡하고 있음이어라.

일렁이거라

풋풋한
풀 내음새
나는 사람
내음새만
일렁이거라

합격했다고
승진했다고
상을 탓다고
잘살고 있다고
가족들 기쁜 소리만
일렁이거라

정감 어린
대화가 오가고
웃음소리
일렁이는
행복 물결만 일렁이거라
언제나 우리 곁에.

정신 차려야

자기 장독에
돌팔매질 하면
장독 깨지듯
빈대 잡는다고
자기 집 불 지르면
초가삼간 다 태우듯

집안 식구끼리
반목하고 서로 미워하면
행복은 산산조각 나고
온 나라가 이념 갈등에 휩싸이고
서로가 신뢰를 잃고 물어뜯으면
나라 꼴은 어찌 되겠는가

지도자여
970여 차례 외침 받은 것은
우리 내분에서 비롯된 교훈을
되풀이하는 바보짓은 죽는 길.

더 이상 되풀이해서는 안 된다

똑똑한 민족이여
정신 줄 놓고 정신이 멍청해지면
험준한 산길 발 헛디뎌 떨어져 죽듯이
나라 운명이
위태로운 나락으로 떨어지게 된다

정치인이여, 기업인이여,
리더여, 공무원이여, 국민이여
마음의 등불을 켜
자기 몫을 다하는 사람 되어
세계가 부러워하는 대한민국
평화의 선진 강국이 되자.

조각품

미켈란젤로의
다비드상은
한계 없는 인간 능력
보여줘
사람 눈을
꽁꽁 묶어 잡아 두네

자연이
빚어낸
동굴 속 작품은
인간이
흉내 낼 수 없게 만들어
말문을 막아버리고

산에 있는 돌은
비와 바람에 깎이고
세월에 세수하다 보니
사람, 코끼리, 거북이, 사자 모습 등

갖가지 형상의 조각품이 되어
신비로운 자연의 선물

관광 명승지에
딱 버티고 서 있는 자연 조각품은
사람들을 즐겁게 하지만
최고의 걸작품은
인간이 최고지
하느님이 빚어낸.

광고판

얼굴은
정신, 감정, 생각, 마음을
담는 그릇

광고판이
부실하면
밥 먹기
더 힘들어지는
세상이라
아무도
시선을 주지 않는다

얼굴은
내가 누구인지
알리는 광고판
얼룩져 있으면
목구멍
풀칠하기도

어려워져

매력적인
광고판을
들고 다녀야
그대에게
그림자처럼 따라다닌다
먹거리가.

결혼 축시

두 사람은
이제, 행복의 문이 열리니
더 이상 외롭지 않으리
허전하고 쓸쓸했던 날들은
저 멀리 보내고

두 사람은
꿈과 희망의
날들 속으로
나래를 펴요

서로가 서로에게
힘이 되어 주는
사랑, 신뢰, 배려의 동반자로
하나의 마음
하나의 화목한 가정만
일구어 내리니.

두 사람은
이제, 방황하거나 춥지 않으리
그대들의 따뜻한
보금자리가 있으니

두 사람은
서로가 아껴 주고
필요한 사람이 되어
언제나 함께하는
아름다운 날들 속으로

영혼을
풍요롭게 살찌우는
영원한 가정의
즐거움 속에서

이제, 두 사람은
인생 꽃피우는
행복한 삶만
있으리라.

길을 묻다

베토벤은
귀가 들리지 않은
상태에서
수많은 명곡을 작곡했고

영국 최대 시인
밀튼은
장님이었으나
실낙원을 썼다

번연은
종교 재판에서
투옥된 후
천로역정을

디킨스는
상표 붙이는
평범한 장인이었으나

쓰라린 실연을 경험하고
세계적인 작가로 탄생

헬렌 켈러는
태어나자 곧
장님, 귀머거리, 벙어리
3중고의 참혹한 불행에도
패배를 인정하지 않으면
누구에게도
패배를 안길 수
없다는 말을

갈래 길이
실타래 같아
헤매는데
숨겨 놓았네
책에는 갈 길을.

아름다움

사람을
설레게 하고
어딘가 매력을
느끼게 하는
그 무엇

얼굴도
햇빛 비추게 하고
에너지도
슬그머니
넣어 주네

합의 힘이요
더 더할 것도
더 뺄 것도 없어
마음을 꼬옥 끌어안네
아름다움이.

그대의 삶

그대의 삶이 그대를 괴롭힐지라도
삶은 사랑할 만한 것이다
거기엔 환희가 있고 행복이 있으니까

그대의 삶이 그대를 못살게 굴지라도
삶은 아름다운 것이다
거기엔 인생의 꿀맛이 녹아 있으니까

그대의 삶이 그대를 지치게 할지라도
삶은 많은 것을 선물해 준다
거기엔 삶의 흔적이 영원히 숨 쉬게 하니까.

꽃 같은

아름다운 꽃이
손가락 사이
모래처럼
언제 감췄는지 모른다
모습을

사람도
바람이
신비스러운 구름 걷어치우듯
세월이
돌돌 말아 가네

이 세상에 왔다
이름 모를 들꽃같이 지면
한낱 꿈 같은 것이
인생이런가
우리네들.

뒤척이면

솥에 삶는 푸성귀는
뒤척이면 골고루 익지만
열대야로 뒤척이면 풋잠으로
다음날
술 취한 사람 되네

새는 알을 품고
이리저리 뒤척거려야
부화가 잘되나
사람은 하는 일 없이
뒤척거리기만 하면
오늘 선물이 다 망가지네

인생살이 무엇인지
뒤척이는 삶만 살면
세월만 갉아먹어
떠날 때
한숨만 가득할 뿐이네
껍데기 신세 되어 .

깨지기 쉬운

세상에
깨지기 쉬운 것은
접시만 있는 것이 아니란다
단단해
안 깨질 것 같은 것이
부주의하면
쉽게 깨지는 것이다

우리 삶 속에
숨어 있어도
모르고 살고 있지
인간은
관계 속에 살아가며
만남에서
변화가 일어나는데
조심을 달고 살지 않으면
깨지기 쉽단다
사람은.

고민(苦悶)

고민이란 놈은 파리를 닮아서
사람 따라 딴전을 피우는구나
게으른 사람 콧등에는 올라앉아도
부지런한 사람에겐 얼씬도 못하네
이 세상 고민 없는 사람 없건만
게으른 사람한텐 파리도 놀리네

고민이란 놈은 파리 사촌인지
사람 따라 장난을 치는구나
게으른 사람한테는 이유거리 줘도
부지런한 사람에겐 시치미를 떼네
이 세상 고민 없는 사람 없건만
부지런한 사람한텐 쓴 약이 되네.

분단의 비극

누가 금수강산을
두 동강 냈는가
누구를 탓할 수가 있겠는가
힘이 없으면 불쌍할 뿐
우리 민족의 부끄럼인 것을

북녘은
피가 잘 통하지 않아
병들고 입에 풀칠하기 어려워
펴 주면 펴 줄수록
앙앙대며 폭력적이다
까불어대다 죽을 줄 모르고

남쪽은
풍요로움이 넘쳐나고
나날이 발전하는 모습에
세계가 놀라고 있는데
평화와 행복을 깨는 소리에

천지가 진동하여 분노에 젖었네

천안함의 병사들
영영 못 올 곳으로 가 버려
국민들
가슴이 무너져 내려 피멍 들고
온몸 눈물 적셨네

자랑스러운 대한의 장병들
달리한 운명으로
슬픔이 성난 파도 되어
울부짖는 소리
하늘도 비눈물로 답하더라

한 맺힌 사건
가슴을 갈기갈기 찢기우는
국민들 아픔을 어찌하랴
하루빨리 분단의 비극
넘어서는 길은
위대한 한민족의
빠른 평화통일이어라.

송강의 향기

정철은 이미
알고 있었다네
오늘
영광의 빛을

신선도
비경에 놀라서
떠나기 싫어했던 곳
송강(松江)도
관동 팔경에 흠뻑 취해
깊은 잠에서
깨어나지 못했는데

송강의 풍류와
시혼이 다시 깨어나니
물밀듯이
세계인이
찾아와

관동 8경 8백 리 길에
말로
글로써
감탄을 담아내느라
탄성 연발이네

관동 8경에
그 이름을
묻은 자
관동별곡 8백리 길에
살아 숨 쉬리라
우리들 가슴속에.

미친 사람

캄캄한
미지의 세계
못 견뎌하며

어리석은 짓을
밥 먹듯이 하는
미친 사람들 있어

오히려, 세상은
새 길이 뚫리고
미지가 현실이 되어
사람들은
웃고 즐거워한다

그들이 가는 길을
비난하거나 방해하지 마라
그들이 있어
세상은 변하지 않는가?

선생님

왜?
이리 기분이 좋을까요

호기심인가 열정인가
배움의 갈증인가
소리 넘어 소리 있음인가

이리 봐도 저리 둘러봐도
내 곁에
함께 있는 사람들
다 선생님이네

배울 거리가
많은 선생님
이리도 넘쳐나니
즐겁지 아니한가

지금 이 순간에도.

잊혀진 사람

답답한 사람보다
더 답답한 것은
할 일 없는 사람이고

할 일 없는 사람보다도
더욱더 답답한 것은
빈둥빈둥 노는 사람이고

빈둥빈둥 노는 사람보다
더 한층 답답한 것은
버림받은 사람이고

버림받는 사람보다
훨씬 불쌍한 것은
의지할 곳 없이 떠도는 사람이고

의지할 곳 없이 떠도는 사람보다도
훨씬 더 불쌍한 것은

쫓겨난 사람이고

쫓겨난 사람보다도
훨씬 더 더 불쌍한 사람은
죽은 사람이고

죽은 사람보다도
가장 가슴 아픈 사람은
세상에서 잊혀진 사람이네.

빛

해를
산과 바다로 내려놓으면
칠흑같이 어두워져
아름다움과 추한 것이
무엇인지
까맣게 묻혀 버린다

빛이 없으면
생명이 멈추고
모든 사물이 갈 길을 잃어
혼돈의 바다에 빠져들지만
빛이 있는
밤의 도시는 변한다
환상의 세계로

물기 있는 손
수건으로 닦아 주고
언 손발을

모닥불로 녹이듯
음지에 숨어 있는 일꾼
양지로 감싸 주고

개울에 둥둥 떠 있는 해를
표주박으로 건져내
추위에 떠는 사람들
양지에 잘 자라는 난처럼
해로 구름을 지워
어깨 펴 주리

밤에는
우물에 빠진 달을
두레박으로 건져 내
따뜻한 가슴으로
어둠을 밝히는
희망의 등불이.

4

무엇이 있길래

무엇이 있길래/ 콩이야/ 무엇이 다를까/ 웃음/
그런 가운데/ 짓밟지 마라/ 실체의 뿌리를 찾아서/ 문/ 이 순간은/
허둥대면/ 착각 속에/ 무엇이/ 걸려있네/ 최재형 선생/ 통일이/
판문점 너는 알지/ 세상이 덥다/ 매화꽃 피듯/ 간을 해야

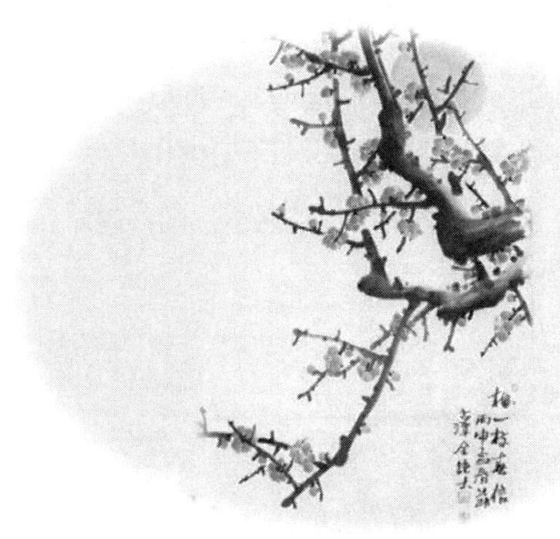

무엇이 있길래

입술에는
무엇이 있길래
이렇게 달콤한가요

가슴은
난로도 피우지 않았는데
무엇이 뜨겁게 달구나요

입술은
어느새
더 달콤한 곳으로
슬그머니 데려다 주네요

사랑은 무엇인지
때로는 고달프고
때로는 위험하며
때로는 희생이 따르지요

사랑은
내 것처럼 아껴 주고
고통을 같이 느끼고
마음과 몸으로 감동 주어야
사랑이 꽃피고
영혼이 살찌우는
아름다운 사랑이야.

콩이야

세상에는 건강에 좋은 것도 많지만
그중에서 몸에 최고는 콩, 콩이야
환경 좋은 우리의 땅에서 자란 콩
몸이 환영하지요 좋은 것은 먼저 알고
우리 역사 숨결이 살아 있는 우리 콩이
몸에 보약 되게 우리 건강 챙겨 준대요

좋은세상 건강에 좋은 것도 많지만
장수 시대 몸에 최고는 콩, 콩이야
외국서도 알아주는 우수한 한국 콩
우리가 사랑할 거야 네가 슬프지 않게
우리 역사 숨결이 살아 있는 우리 콩이
몸에 보약 되고 우리 건강 최고 최고야.

무엇이 다를까

땅은 비 온 뒤 굳고
산 정상에
갖은 풍상 견뎌 낸 것이
단단해진다 나무는

면류관은
상처 없이 쓸 수 없고
곡식도
세찬 비바람을 견뎌 내며
결실을 맺듯

세월일까
고난일까
아니면
지혜일까
깨달음일까
무엇으로 익어 갈까
사람은.

웃음

인간은
언제나
웃고 싶어하지만
벌레를 씹었는지
익모초를 마신
얼굴 표정들이네

아이처럼
방긋방긋
꽃처럼 활짝 핀 웃음
얼마나 아름다운가
어린아이는
하루에 300번 이상 웃는데
어른은 열 번도 웃지 않네

웃음 있는 곳에
부와 성공도
따라다니고

웃으면
모든 세포가
신이나 춤춘다

웃음 속에
건강도 지키고
행복도 피어나게
웃고 또 웃어 보자
운명도 바뀐다.

그런 가운데

바람 없는 날이 없듯
지구촌 곳곳
매일같이 사건 사고
여기서 뻥 저기서 뻥
안 터지는 날이 없구나

나무는 바람에
흔들거리면서도 자라고
폭풍이 지난 땅에도
꽃은 피고
지진이 일어난 땅에도
샘은 솟아난다

바람 등살에도
꽃이 피고 열매가 열리듯
사람도
슬픔과 기쁨이 뒤섞인 가운데
속이 여물수록
인품의 향이 그윽하네.

짓밟지 마라

나는
자유가 좋다
자유 있는 곳에
희망이 있고
꿈이 솟는다

자유여
너를 괴롭히고
때 묻히는 자
무슨 자격을
가진 자란 말이냐

거룩한 자유를
자유란 이름으로
지울 수 없게
남기지 말아라
얼룩진 발자국을.

실체의 뿌리 찾아서

천년만년 갈 것 같은
돌도
수많은 세월
세찬 비바람에
깎이고 찢어져
모래로 나뒹군다

일만 년이 넘은
나무를
이웃들이
뻗어 나간 가지를 꺾고
줄기도 자르고
뿌리마저 파헤쳐
원형原形을 잃어
울부짖는 영혼들

실뿌리마저 하나 둘 죽어
그 생명이 다해 가는데

생명이 유지되게
튼튼한 반석盤石이 마련되었네
이젠
우리 함께 관심 갖고
이루자
역사의 광복을

수만 년 역사
슬픈 눈물 더 이상 흘리지 않게
악몽에서 깨어나
하늘 높이 기상을 떨쳐라
밝달 민족의 위대함을.

문

일생을
문밖에서 서성이다
그 문을
들어가 보지 못한 채
허송세월 보내면
슬픈 일이어라

문 안에 들어서면
좋은 구경
멋진 세상을
맛볼 수 있으련만

그럼에도
문 안으로
들어갈 생각은 않고
주위를 맴도네

평생 동안
서성대다
세월 가면
어느 날 갑자기
땅을 치고 후회한들
무슨 소용이런가

삶 속에
당신이 시도하지 않고
선택하지 않으면
스스로
문은 열리지 않는다
저절로.

이 순간은

티 없이 맑은 하늘
나뭇잎 사이로
해님이
살포시 미소 지으며
얼굴을 내미네

졸졸졸 흐르는 계곡물 소리
가슴을 채워 주는데
새들은 노래하며
화음을 넣어 주네

수락산을
방바닥 삼아 누우니
모든 시름은 온데간데없고
행복에 젖어 있어
신선이 따로 없네
이 순간은.

허둥대면

가는 길을 모르면
당황하면
여유가 없으면
이성을 잃으면
갈팡질팡하기 마련

허둥대면
시간 낭비
돈 낭비
인생 낭비하는
삶이 되고

언제
홍시 떨어질지 몰라
불안하듯 허둥대면
일은 죽 쑤고
엉망이 된다
인생살이가.

착각 속에

붉게 떠오르는 해
날마다 새롭다며
희망 속에
살아간다
우리는

하늘에서 비가 오면
하늘이 젖는 줄 알고
우리는
그렇게 살아서인지
영원히 살 것처럼
오늘을
무심코 놓아 버리네

해는
매일 뜨고 지는 것도
하늘은
비에 젖는 법도

인생은
영원히 사는 것도 아닌데

그렇게
착각 속에 빠져 살면
자연은
그대를
소리 없이 밀쳐 내는데.

무엇이

기계도 열 받아야
정상적으로 작동되듯
사람도 열정 있어야
새 변화를
가져오게 되네

냉방도 불을 지펴야
따뜻하듯이
사람도 열정을 부려야
성공도 하고
출세도 하게 되네.

걸려 있네

달은 밤에 떠서
새벽에 지는데
오늘은 한낮에도
서산 중턱에 걸려 있네

인생은
달처럼
세월에
걸려 있고

오늘 하루
행복은
이 순간에
걸려 있구나.

최재형 선생

푸른 청춘
열정을 불사르며
러시아 연해주
꿈을 키우고
어제는 바다 건너고
오늘은 산 넘고

암울한 일제강점기를 지나서
세월은
한 줌에도 쥐어지지 않으나
태어난 보람 있네
역사 인물 된 최재형

이름 모를 들꽃 같은
기업가로
가시밭길을 개척하며
조국 광복 위해
모든 것을 모두 바친

독립투사여

북극성을 바라보며
나라 잃은 서러움
앞장서 모범 보이고
의로운 일에 불사조

목숨 바친 독립 투사여
청사에
영원히 빛나리라
민족의 등불로
그 이름 석 자
최재형.

통일이

해도 하나
달도 하나
나도, 너도 하나
나라도 하나이어라
위대하다
하나는

우리
한민족이
문화 문명 싹틔워 내고
인류 문명에
불을 밝힌
한민족의 자랑이어라

서로서로 사랑으로
이해와 용서로
하나로 통일하여
한민족의 기상을

세계에 보여 줄 때가 왔다
우리들 앞에

한민족이
통일되는 날
세계의 등불 되어
한민족의 기상이
하늘 높이 날아오르고
우리의 위대함에
세계가 축복해 주리라

손에 손을 잡고
통일노래 부르며
축제 마당을
열게 될 날이
우리 코앞에 와 있다
위대한 한민족이여.

판문점 너는 알지

양귀비보다
더 예쁜 금수강산
강대국들
서로 품 안에 넣기 위한
침략질에
몸 성한 구석이 없구나

쇠붙이로 때리고 갈겨
금수강산
허리가 잘리어
나라 꼴
말이 아니구나

신성한 생명
피를 물감 삼아
온 산야를 색칠해
그 비명 소리
하늘을 찌르고

살아 있는 사람들
정신이 나가
언제까지 좌충우돌하련가

가을 추수하고
벼 말려 광에 넣듯
피 묻은 쇳덩어리들 녹여내
평화에 쓰이고
금수강산아
이젠 남북 한몸 되어라
두둥실 두리둥실 어깨 춤추며
미래로 세계로 우리 기상 떨치게.

세상이 덥다

기후가 변해
날씨도 점점 더워지고
세상도
점점 더워져
가슴도 덥다 더워

하늘에선
비행기가
미사일 공격을 받아
이젠
탑승하는 것도
공포스럽네

오늘날에도
평화를 외치면서도
전쟁은 여전하고
우리나라는
휴전 상태인데

안보 불감증은
철밥통 같네

자기 할 일은 외면한채
남 탓만 하고 훼방만 하면
나사 풀린 기계처럼
여기저기 나사 풀린
기계가 되면
큰일이 난다
제자리로 돌아가야
나라도 살고
우리도 산다.

매화 꽃피듯

추운 겨울
봄은 오지 않을 것 같아
하루 종일 봄 찾아 허둥댔으나
보지 못했는데
집 앞
매화 향기는 가득하고
봄은 벌써
가지에 매달려 있네

세상만사
알 수 없네
어느 해 어느 날
독일의 장벽이
갑자기 무너져 내리듯

우리의 남북통일도
꽁꽁 얼어붙은 땅에서
봄 매화꽃 피어나듯

어느 날 어느 순간에
금수강산 하나로 꽃피울
그날이
코앞에 다가오고 있다.

간을 해야

잘 차려진
밥상도
간이 안 되면
맛은 사라지고

돈도 가진 자가
베풀지 않으면
우애도, 건강도, 행복도
구름
바람에 날아가듯

소통도
말도 간이 배어야
뚫리고
소통되어
멋쟁이 된다
매력 있는.

5

계절 시

새날 새 아침/ 반딧불 사랑/ 새해/ 하루뿐/
6월에/ 청포도 같아라/ 9월/ 가을비/
낙엽/ 붉은 단풍/ 귀뚜라미/ 국화의 매력/
가을 끝자락/ 그 손님/ 눈雪이/ 12월

새날 새 아침

새 아침
이글거리는
해가
떠오르고 있다

붉게 떠오른
태양이
내 몸을 물들이니
열정이 솟아나
몸이 근질대며
일터로 가자 하네

박동치는
뜨거운 가슴으로
언제나
땀 흘리며
만들어 내리라
미래 행복을.

반딧불 사랑

보아라 여기도 보아라 저기도
캄캄한 바다의 등대와 같이
밤하늘을 수놓은 별님과 같이
여기저기서 반짝이는 반딧불
어릴 적 반딧불 잡겠다고
철없이 쫓아다니던 옛 기억이 새롭다
아 우리들의 사랑 얘기처럼
반딧불 사랑 얘기 계속 이어지리라
반딧불 사랑 얘기 계속 이어지리라.

새해

저 붉게 떠오르는
태양처럼
온몸에
새 힘이
솟구쳐 오르네
어제의 해와
오늘의 해가
무엇이 다르기에

내 몸이
뜨겁게 반응하는 것은
새로워지려는
마음으로
새해를 맞이하지 않으면
안 된다는
마음의 빗질이
가슴을 울려

새 다짐
새로운 정신
고운 얼굴로
이웃에게 따뜻한
선물을 나누어 주며

새로운 마음으로
새로워진 내가
최고의 해로
꽃피울 갑오년(甲午年)이여.

하루뿐

세상에
오늘은
달랑 하루뿐
그냥 날려 버리면
허튼짓이야

공기
고마움 모르듯
오늘이
고맙지 않은지
티처럼 날려 버리네

먼지같이
많은 날이라고
인생 어영부영하다간
땅을 치고 후회한들
무슨 소용 있으랴

하루살이처럼
열정을 불태워라
당신 마지막 날처럼
오늘이.

6월에

가슴
찢어지게 하는 6월
아름다운 금수강산을
누가, 누구가
두 동강을 냈는가
허리가 잘려
뼛속깊이 사무치는
신음 소리 귓가에 맴도네

3 · 8선을 톱질하여
꽃도 피우지 못한 채
산화한 목숨들
역사에 얼룩져
산야에 뿌려 놓은 피

이념理念의 양날을 세워
분열을 부채질하고
후손들

지금도
진흙탕 싸움질에
나라 지킨 선열들
분노가 하늘을 찌른다

쇠가 녹슬면
녹이 쇠를 잡아먹듯이
금수강산도 죽고
나라도 죽는다
너도, 나도 다 죽는다
정신이
녹슬고 병들면.

청포도 같아라

청포도
익어 가는 칠월
세월이 흘러가면
우리도
청포도처럼
삶이 멋있게
익어 가면 좋으련만

하루하루가
세찬 비바람 맞듯
고비고비를 넘는 삶이라
청포도처럼
잘 익어 가지 않네

청포도는
하늘이
뜨겁게 데울수록
끄떡도 않고 버티며

맛있게 익어 가는데

사람은
무엇 때문에
청포도 같이
될 수 없는 것일까.

9월

하늘에서
내리 꽂는 햇빛에
내 살 데겠네
시멘트는 불붙어
콩 볶듯이
사람을 볶으려고
달려들던
금년(2013) 7, 8월

태풍에
익은 복숭아 떨어지듯
9월 접어들어
새벽에는
밀물 같은 바람 물결에
폭염도 얼이 빠져
내 몸은
번데기 신세 안 되려
손길이 가네

물러서지 않고 달려드는
맹수같이
기세 당당하던
푹푹 찌던 폭염도
철기 녀석한테
무엇이 무서운지
수선을 떠는구나
슬그머니 꼬리 감추기에.

가을비

잠에 떨어진
호랑이
코털을 뽑아 봐라
놀란 호랑이
얼마나
무서워지나

낙엽으로
불태우는데
자주 내리는
가을비
곤히 잠자는
겨울을
흔들어 깨우네

봄비는
만물을 생동하게 하나
깊어만 가는

가을비는
겨울을 입에 물고 다니네

깨어나려는
겨울에
벌써부터
문풍지가
울려고 하네.

낙엽

낙엽
떨어지면
무엇을
되씹게 하나

세월 가면
성한 것은
하나 둘 스러지는데

촛불 꺼지듯
꽃도 지고

낙엽은
가을에 울고
사람도
우는 것을
세월에
사람인들 어쩌랴.

붉은 단풍

이른 아침
등산 길에
공기가 코끝을 키스하여
상큼하고 싱그러운 내음새
김치처럼
몸이 저려져
내 기분이
하늘로 날아오르네

촉촉하게
내리는 가을비는
겨울을 재촉하고
꽃불이 된 붉은 단풍나뭇잎
시집가는 새색시처럼
고운 자태에
어느새
내 마음 빼앗겨
사랑에 불타 버렸네.

귀뚜라미

귀뚜라미는
등에
가을바람 업고 와서
날개로
가을바람을
부채질해 주고

경쟁이라도 하듯
여기저기서
새벽에 울어대는
귀뚜라미
산들바람을 일으켜
내 고운 잠결을
물들이는구나

귀뚜라미
울어댈수록
가을은 깊어 가고

아침저녁으로
옷가지 더 걸치게 하네
내 몸에.

국화의 매력

꽃들이
봄기운 느끼면
도토리 키 재듯
먼저 피려고
야단법석을 떠네

국화는
수많은 꽃들이
호들갑 떨며
피는 꽃들을 보면서도
눈 하나 깜박 않고 침묵하고
인내심 하나로
자기 차례인 가을을
묵묵히 기다릴 줄 안다

국화는
때가 이르면
꽃들이

기진맥진 맥 못 추고
쓸쓸해지는 가을에

노란색, 흰색, 빨간색, 보라색
여러 색을 자랑하며
가을 여왕답게
자태를 자랑하면서
향기에
가슴이 취하게 하고

보통 때
그러저러한 사람이
대기만성하는
사람 같네
국화는.

가을 끝자락

얼음같이 찬 이슬에
단풍잎 우수수 떨어지며
시드는 산
썰렁한 기운
몸에 감기네

금수강산 수놓고
아름답게 입혔던 옷
실오라기 하나 걸치지 않아
맨몸이 드러나
내 마음도 시리네

늦깎이 국화는
고고한 자태와 향기로움에
마음을 끌어안지만
시절의 외로움은
어쩔 수 없어라

차가운 겨울 앞에
문풍지 우는 소리
몸과 마음은 웅크려져
긴긴 겨울날 생각에.

그 손님

따뜻한 정감이
손님 하면 떠올라
그 손님이 오길
손꼽아 기다리게 되네

다음에 오는
그 손님은
낭만을 느끼게 하지만
몸이 마음대로
움직여지지 않아
불편한 나날들이 많고
에어컨과 친구 삼아 지내야 해

손님 중에
그 손님은
풍요로움으로 가득 채워
사람마음 마저
빼앗아 가네

마시막 손님은
나무는 옷을 벗기고
사람은 자꾸자꾸
옷을 덧입혀 불편하고
문풍지는 울어
마음도 시리어라

철따라 찾아오는
그 손님
어찌할 수 없으면
자연 순리대로
편하게 묵다 가게 하자
그게 마음 편한 것을.

눈(雪)이

하늘에서
너울너울 춤추며
나무에 올라앉은
눈꽃송이

지구상에
같은 사람이 없듯
하늘에서
내리는 눈도
내릴 때마다
같은 모양을 한
눈(雪)도 없으니
신비로워라
자연의 세계가

나무 위에
피워진 눈꽃송이
자연의 신비에

절로 숙여진다
인간의 한계가.

12월

끼리끼리 짝짓기하듯
12월은 매일
여기서 오라 저기서 오라
사람을 찢어대니
갈 길이 바빠
갈대 마음이 된다

세월과
씨름하는 사이
얼굴은
세월을 노래하고
거미줄만 늘어난
흔적을 보려 하니
아무것도 보이지 않고
아른 아른거릴 뿐이네

달랑 설흔 한 잎 붙은
12월의 하루는

바람스치듯
사라지고
비바람치면
꽃잎처럼 우수수 떨어져
12월은 기둥만 덩그러니
알몸 신세 되네

12월은
있는데
바람에 구름 없어지듯
인공위성 날아가듯
한 달이 하루같이
썰물처럼
12월을 싹 쓸어 가네
순식간에.

공한수 시집
어느 날 별이 되어

지은이 / 공 한 수

2016 . 6. 8. 첫 번 인쇄

펴 낸 곳/ 도서출판 엠-애드
펴 낸 이/ 이승한
서울시 중구 충무로4가 36-7
전　화/ 02)2278-8063/4
팩　스/ 02)2275-8064
e-mail/ madd1@hanmail.net
등록번호/ 제2-2554
디자이너/ 이수미
전 산 팀/ 임영희

ISBN 978-89-6575-088-8

정가: 15,000원